スポーツ万能な体になれる
トレーニング遊び40

シダックスの これできる？

Shidaks
シダックス

KADOKAWA

はじめに

　僕は体操競技を約20年続けていて、これだけ続けてきた体操が僕は大好きです。

　今も現役選手として活動していますが、小さなころからの積み重ねが、今につながっていると感じます。そんな自分の体操人生を振り返り、特に大事だと思う基礎的なトレーニングを40個、この本で紹介します。

　紹介するトレーニングは体操だけでなく、野球、サッカー、ラグビー、バスケットボールなど、ほかのスポーツにも生きてくるものです。また、体操やスポーツに興味がある子だけでなく、運動に苦手意識を持つ子もチャレンジしてほしいと思います。

　一番大事なのは楽しむこと。最初はできなくて当然です。

僕自身も時間をかけて、いろいろな技ができるようになりました。できなかったことが、練習してできるようになる。それが楽しくて、どんどん体操にハマっていきました。

　体操はそもそも、人と比べるのではなく、自分自身の成長を感じられるスポーツです。試合では得点を競いますが、何より大事なのは自分のベストを発揮すること。そのために日々の練習に励みます。そして、練習を重ねる中で「できた！」と、成長を感じることができるのです。

　この本は、レベル1からレベル3へと進むにつれて難易度が上がり、一つずつクリアしていくことで、達成感を得られるはずです。体を動かす一歩目の動きから、応用編まで、ぜひチャレンジしていただき、「できた！」という喜びを感じてもらえたらうれしいです。

シダックス

CONTENTS 目次

はじめに 2

本書の使い方＆登場人物 7

これできる？ 13

レベル 1
いろいろな体の動かし方を学ぼう！

01	腕立て姿勢	14
02	膝つき腕立て伏せ	16
03	片足でのバランス	18
04	いろいろなポーズ	20
05	体のまわりをボール回し	22
06	足じゃんけん	24
07	ジャンプ着地止め	26
08	ジャンプ半分ひねり	28
09	横転がり	30
10	だるま転がり	32
11	ゆりかご	34
12	カエルの足打ち	36
13	背支持倒立	38
14	跳び越えジャンプ	40

これできる? 43

レベル 2

全スポーツの基本となる筋力とバランスを養おう!

15	前転 (ぜんてん)	44
16	後転 (こうてん)	46
17	開脚前転 (かいきゃくぜんてん)	48
18	開脚後転 (かいきゃくこうてん)	50
19	目を閉じて足踏み (め と あし ぶ)	52
20	ジャンプ片足着地止め (かたあしちゃくち ど)	54
21	V字腹筋 (じ ふっきん)	56
22	プランク&空気椅子 (くう き いす)	58
23	前屈 (ぜんくつ)	60
24	ブリッジ	62
25	腕立て伏せ (うで た ふ)	64
26	腕立てジャンプ (うで た)	66
27	カエルの逆立ち (さか だ)	68
28	よじ登り倒立&かべ倒立 (のぼ とうりつ とうりつ)	70
29	馬跳び (うま と)	72
30	つばめ&ブタのまるやき	74

CONTENTS

これできる？ 77

レベル 3
できたら体育で大活躍 最後は難しい技に挑戦！

31 | 一回ターン 78

32 | ジャンプ一回ひねり着地止め 80

33 | 逆上がり 82

34 | 前方支持回転（空中前回り） 84

35 | 開脚跳び 86

36 | 抱え込み跳び（閉脚跳び） 88

37 | 頭倒立（三点倒立） 90

38 | 180度開脚＆前後開脚 92

39 | 側方倒立回転（側転） 94

40 | ロンダート 96

すごわざ／体操選手はこんな技ができる！ 99

1 頭倒立（三点倒立）→倒立 100

2 前方倒立回転跳び（ハンドスプリング） 102

3 後方倒立回転跳び（バック転） 104

4 後方伸身宙返り 106

5 後方抱え込み宙返り1回ひねり 108

おわりに 110

本書の使い方&登場人物

【 シールの説明 】

ここに書かれた目標をクリアできたら、巻末の達成シールを貼ろう！

【 ワッペンの説明 】

それぞれのトレーニングで特に大事なポイントと、意識してほしい感覚。

バランス	筋力
柔軟	回転
支える	逆さま

← シダックス　shidaks

チャンネル登録者98万人以上を誇る、人気YouTuber。中学・高校・大学では世代別の日本代表に選出され、今も現役選手として活動中。

こうたろう →

シダックスのYouTube動画に出演する元体操選手。シダックスとは小学校時代からの友人で、大技を得意とする天才タイプ。

● 監修

三木伸吾
（みき・しんご）

大阪大谷大学人間社会学部スポーツ健康学科教授。専攻分野はスポーツ運動学。島根大学教育学部卒業、筑波大学大学院体育研究科修了。研究テーマは器械運動における動感発生、保健体育の小中連携、体育授業の即発指導など。

＊著者はシダックス株式会社とは関係ありません。
＊本書は体操競技、体育を専門とする大学教授の監修のもとに編集しています。お子様が実際のトレーニングを行った際のケガについては、責任を負いません。保護者や周囲の大人の指導、監督のもとに安全を重視して行ってください。

7

筋力 **支える**

01 | 腕立て姿勢

腕で体を支える姿勢は、日常動作にはないもの。手首や肩に体重が乗っている感じをつかみ、体をまっすぐに保つ感覚を覚えよう。

両手を床につき、腰を浮かせて体重を支える。肘や腰が曲がらないように注意する。

POINT

- [ ] **腕をまっすぐ伸ばす**
- [ ] **おへそとお尻に力を入れて、体をまっすぐに保つ**
- [ ] **目線を手と手の間に定める**

5秒キープできたら 達成！

達成シール

これできる？ レベル1

NG

お尻が上がり、体が曲がったらダメ！

レベル2

NG

肘が曲がるのもNG。

レベル3

筋力 **支える**

02 膝つき腕立て伏せ

何回できるかな？　慣れてきたら普通の腕立て伏せに挑戦しよう。

1 手は肩幅よりも広げて床につける。

2 肘を曲げて、肩を下げていく。

別アングル

POINT

- [ ] 手は肩幅よりも広げる
- [ ] 膝を閉じる
- [ ] 顔をできるだけ床に近づける

10回できたら

達成シール

3 床につくギリギリまで顔を下げる。

4 肘を伸ばして、体を持ち上げる。

これできる？ レベル**1**

レベル**2**

レベル**3**

17

バランス

03 片足でのバランス

片足でフラフラせずに止まっていられるかな？ 手を広げてバランスをとりながら、いろいろなポーズにチャレンジしよう！

1 足を伸ばしたまま片方の足を浮かし、手を広げてバランスをとる。

2 目を閉じた片足バランス
自分の体と対話して、重心がどこにあるのかを感じる。

POINT

- ☐ グラグラゆれないようにピタッと止まる
- ☐ 軸足の膝をまっすぐ伸ばす
- ☐ 手を広げてバランスをとる

一つでも10秒キープできたら 達成！
達成シール

水平バランス
後ろ足をゆっくり上げていき、胸を張ったまま上半身を前に倒していく。

側方バランス
水平バランスの体勢から上半身をひねり、後ろ足と同じほうの手を上げる。

Y字バランス
軸足を伸ばしたまま、もう片方の足を持ち、手でバランスをとりながら上げる。

かんたんバージョン

浮かせた足の膝を曲げてバランスをとる。

NG

軸足の膝も、腕も曲がっているのでNG。

これできる？ レベル1 レベル2 レベル3

19

バランス **筋力**

04 いろいろなポーズ

手足をしっかり伸ばして、ポーズをかっこよく決めよう。どれだけ高く浮かせて、何秒止まっていられるかな？

飛行機ポーズ
手と足を上げて、頭も高く上げる。

POINT

- ☐ グラグラゆれないようにピタッと止まる
- ☐ 手を広げてバランスをとる
- ☐ おへそに力を入れる

どちらも **5秒キープ**できたら
達成シール

V字のポーズ
足を伸ばしたままつま先を顔の高さまで上げる。

別アングル

これできる? レベル1 レベル2 レベル3

柔軟

05 体のまわりをボール回し

力を抜いてリラックスし、自分の体のやわらかさを確認しよう。

1

足を伸ばして座り、右手でボールを持つ。

2

体を前屈させ、足の先へボールを回す。

3

左手にボールを渡す。

4

体の遠くでボールを回す。

5

ボールが後ろにきたら、右手にスイッチ。

6

元の位置に戻る。

POINT

- ☐ 力を抜いてリラックスする
- ☐ 最初は膝を曲げてOK
- ☐ 慣れてきたら体の遠くを回す

1周回ったら 達成！
達成シール

開脚バージョン

1 開脚した状態で、ボールを正面に持つ。

2 両手でボールを持ったまま、体を左側に倒す。

3 左足の先でボールを回す。

4 体の後ろでボールを回す。

5 体を右側に倒す。

6 右足の先でボールを回す。

かんたんバージョン

足を伸ばすのが難しい場合は、膝を曲げてやってみよう。

バランス **支える**

06 | 足じゃんけん

コミュニケーションをとりながら、友だち同士や親子で対決してみよう。
準備運動にもぴったり。

1 両手、両足を床についてに向かい合う。

2 かけ声に合わせて、じゃんけんのポーズをとる。

POINT

- [ ] 素早く動く
- [ ] 足を大きく動かす
- [ ] ポーズをとるときに声を出す

じゃんけんに勝ったら
達成シール

足じゃんけんの形

グー

チョキ

パー

これできる？ レベル 1

レベル 2

レベル 3

25

バランス　筋力

07 ジャンプ着地止め

なるべく高く跳んで、ピタッと着地することを意識しよう。

2 その場で上に向かって
ジャンプ！

1 両足で立った状態で、
腕を後ろに振ってから
跳ぶことを意識する。

POINT

- [ ] まっすぐ上にジャンプする
- [ ] 腕を振り上げることを意識する
- [ ] グラグラゆれないようにピタッと止まる

ピタッと着地できたら 達成！

達成シール

着地でバランスを崩すと失敗。

3 膝を曲げて着地する。

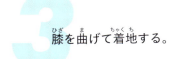

着地で足がきれいにそろっていないとかっこわるい！

これできる？ レベル1 レベル2 レベル3

バランス **筋力**

08 ジャンプ半分ひねり

ジャンプしながら体をひねり、反対向きに着地しよう。真上に跳んで、体をまっすぐにしたままひねることが大事。

1 両足でまっすぐ立つ。

2 まっすぐ上に跳んで、体をひねる。

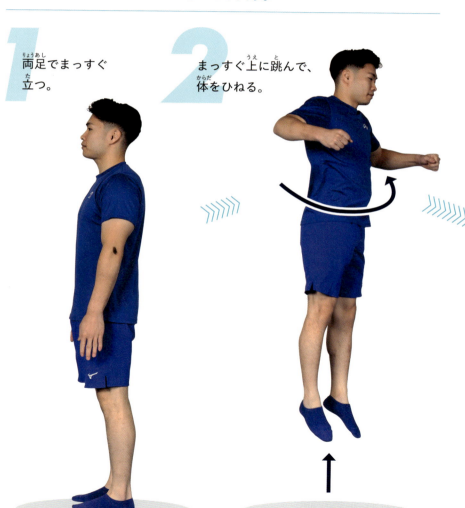

POINT

- [ ] ジャンプするときに、腕を上げる
- [ ] まっすぐ上に跳びながらひねる
- [ ] グラグラゆれないようにピタッと止まる

半ひねりできたら

達成シール

3 反対向きに着地する。

体をひねりきれなかったり、着地で足がそろわなかったりすると失敗。

これできる？ レベル1

レベル2

レベル3

29

バランス　回転

09 横転がり

まっすぐ横に転がるのは意外と難しい！　おなかと背中でスムーズに転がり、体が床にくっついている感じを味わおう。

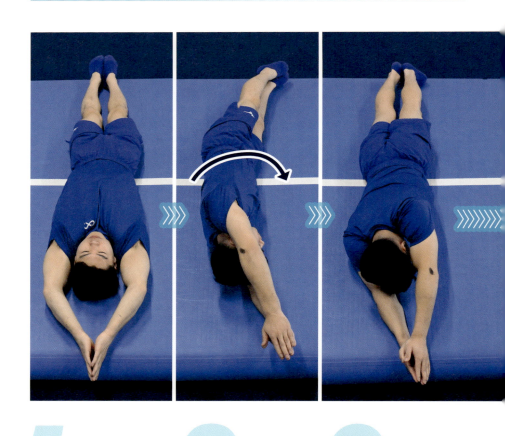

1 両手、両足を伸ばして仰向けになる。

2 進行方向を確認しながら肩を上げて、横向きになる。

3 次はうつ伏せになるように転がる。

POINT

- [ ] 体をまっすぐ伸ばす
- [ ] おなかに力を入れる
- [ ] 斜めに転がらないようにする

1回転できたら
達成！
達成シール

これできる？ レベル1

レベル2

レベル3

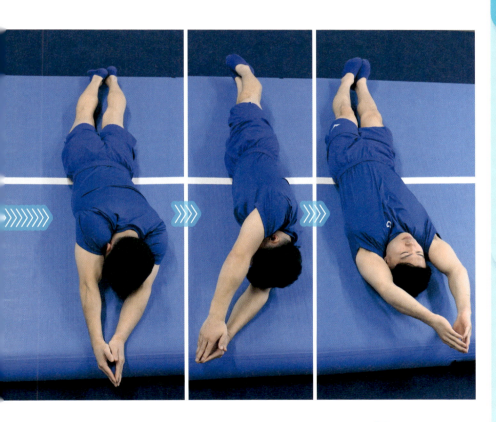

4 体をまっすぐ伸ばしたまま、うつ伏せに。

5 体が進行方向の逆を向くようにして回転する。

6 まっすぐ回転して仰向けに戻る。

31

バランス 筋力 回転

10 だるま転がり

体が床にくっついている感じと、動きがスムーズにつながる感じをつかもう。右でも左でも、やりやすい方向から挑戦しよう！

5 再び左肩を横に倒していく。ここまでの動作をあと2回繰り返し、元の位置に戻る。

1 両足の裏をつけて、両手で持つ。

POINT

- ☐ 手でしっかりと足をつかむ
- ☐ あごを引いて、体を丸める
- ☐ 起き上がるときに体重をうまく移動させる

元の位置まで **1周** できたら 達成！

達成シール

レベル**1**

4 お尻を床について、手を使わずに体を起こす。

NG

転がったまま起き上がれないと失敗。

2 左肩を横に倒していく。

レベル**2**

3 背中を床につけ、右肩のほうに回る。

レベル**3**

33

バランス **筋力**

11 ゆりかご

足の振り下ろしに合わせて、手を使わずに体を起こせるかな？ 前転や後転につながる、大切な動きを練習しよう。

1 手を前に出してしゃがむ。

2 お尻、背中、肩の順番で後ろに倒れていく。足とお尻を高く上げる。

POINT

- ☐ 体を丸める意識を持つ
- ☐ 目線は膝に定める
- ☐ 素早く起き上がる

しゃがみ立ちに戻れたら

達成シール

達成！

これできる？ レベル **1**

レベル **2**

レベル **3**

3 高い位置から足を振り下ろし、おなかに力を入れながら体を起こす。

4 足を床について、元の姿勢に戻る。

バランス **支える** **逆さま**

12 | カエルの足打ち

手首と肩に体重が乗っている感じをつかみながら、少しずつお尻や足を高く上げてみよう。空中で何回、足打ちできるかな？

1 両手を床につける。

2 両足で跳んでお尻を高く上げ、空中で足の裏を合わせる。

POINT

- [ ] しっかり手で体を支える
- [ ] 目線は手の少し前に定める
- [ ] お尻を上げたときに、肘を伸ばす

3 慣れてきたら、より高く足を上げてみる。

別アングル

カエルみたいに足を曲げよう。

顔が足のほうを向いて、目線が定まっていない。

あまり無理をすると、背中から床に倒れてしまうので気をつけよう。

これできる？ レベル1 レベル2 レベル3

| バランス | 支える | 逆さま |

13 背支持倒立

倒立という名のつく動きの中で唯一、自分の体を見られるのが特徴。肘で床を押して、しっかり腰を支えると安定するよ。

肘を床につけて、手で腰を支えながら足を上げる。目線はつま先に定める。

POINT

- [ ] お尻と腰に力を入れて体をまっすぐ伸ばす
- [ ] グラグラゆれないようにする
- [ ] 足が伸びているか、目で見て確認する

5秒キープ できたら
達成！
達成シール

NG
膝が曲がり、足が上がっていない。

NG
足がバラバラになるのはNG。

これできる？ レベル1
レベル2
レベル3

| バランス | 筋力 |

【注意】ケガをしないために、必ず跳び越えられるようになってから挑戦しよう！

14 跳び越えジャンプ

自分のジャンプ力に合わせて、高さを調整してもらおう。なるべく高く跳んで、狙ったところに着地できるかな？

片足ジャンプ

1 うずくまる人の手前から手を振ってジャンプ。

2 着地位置を狙って跳ぶ。

両足ジャンプ

POINT

- [ ] なるべく高く跳ぶ
- [ ] ピタッと着地する
- [ ] 膝を上げることを意識する

跳び越えられたら
達成シール

3 向こう側で着地。

4 ポーズを決める。

回転

15 | 前転

頭、背中、腰の順番で床について、スムーズに転がれるかな？　慣れてきたら、遠くに手をついて大きく転がってみよう！

1 しゃがんだ状態から、手を床につきにいく。

2 肘を曲げて頭を床につけ、おへそを見る。

3 足を振り下ろしながら、体を起こす。

予備練習
（ゆりかご）

仰向けの状態から両手を伸ばして腰を上げる。

足を振り下ろしながら、体を起こす。

POINT

- [ ] 手を遠くについて、腰を高くして回る
- [ ] 足をしっかり振り下ろす
- [ ] スムーズに立ち上がる

前に転がって
立ち上がれたら
達成!

達成シール

4 回転の途中で、おなかと太ももを離さないようにする。

5 両手を前に出して足でしっかり立ち上がる。

3 おなかと太ももをくっつけて、体を起こす。

4 手を使わずに立ち上がる。

これできる？ レベル **2**

レベル **3**

回転

16 | 後転

お尻が高く上がって、膝が頭を越えていくのがポイント。予備練習をしっかり行ってから、後転にチャレンジしよう。

1 しゃがんだ状態でスタート。お尻を遠くにつくイメージを持つ。

2 体を丸めて、お尻から床につく。

3 顔の横で手を床につき、床を押してお尻を上げる。

予備練習
(ゆりかご)

1 お尻が床についた状態でスタート。

2 顔の横に手をついて、足が頭を越えるようにお尻を高く上げる。

POINT

- ☐ 手で床をしっかり押す
- ☐ お尻を持ち上げる
- ☐ 脇をしっかり締める

後ろに転がって **立ち上がれたら** 達成！

達成シール

5 両手でマットをしっかり押して立ち上がる。

4 回転の途中で、おなかと太ももを離さないようにする。

3 回りきらずに、足を振り下ろしながら前にゆりかごで戻る。

4 体を起こして、元の状態に戻る。

これできる？ レベル2

レベル3

柔軟 回転

17 | 開脚前転

足を前に投げ出して、回転の勢いを使うことが大事。開脚は狭いほうが難しいので、少しずつ足の幅を狭くしてみよう。

1 膝を曲げて、手を前に出す。

2 体を前に倒して床に手をつく。

5 足を開きながら振り下ろし、体を起こす。

6 広げた足の間に手をつき、体を前屈させてお尻を持ち上げる。

POINT

- [ ] 手を遠くにつく
- [ ] 膝を曲げないようにする
- [ ] 床を押して起き上がる

3 頭を床について、まっすぐ回転する。

4 お尻を床について、膝を伸ばす。

7 体を起こしてポーズ。

49

18 | 開脚後転
かいきゃくこうてん

勢いよく後転を始めることが大事。回転の途中で膝をしっかりと伸ばしながら足を広げよう。最後まで手で床を押すことも忘れずに！

1 体を丸めてしゃがむ。

2 後ろに倒れながら、お尻を床につける。

4 膝を伸ばしながら足を広げ、しっかり手で支えて回転する。

POINT

- ☐ お尻を遠くにつく
- ☐ 手で床をしっかり押す
- ☐ 回転しながら膝を伸ばす

開脚して起き上がれたら 達成！

3 背中を後ろに倒しながら、足を振り上げる。

5 手で床を押しながら、お尻を上げる。

6 体を起こしてポーズ。

これできる？ レベル2

レベル3

51

バランス

19 目を閉じて足踏み

フラフラせずに足踏みできるかな？ 慣れてきたらスピードを上げたり、その場で駆け足をしたりしてみよう。

1 目を閉じてまっすぐ立つ。

2 その場で足踏み。まずは右足を上げる。

POINT

- [ ] グラグラゆれないようにする
- [ ] 元の位置から動かないようにする
- [ ] 慣れてきたらスピードを上げる

その場で
10秒足踏みできたら

達成シール

3 次は左足を上げて、足踏みを続ける。

4 今度は右足。手もしっかり振る。

これできる？ レベル2

レベル3

53

バランス 筋力

20 ジャンプ片足着地止め

左右両足でやってみよう。どっちの足が跳びやすいかな？

1 片足で立つ。手は前に伸ばしてバランスをとる。

2 膝を少し曲げて、体を低くする。

別アングル

POINT

- ☐ まっすぐ上にジャンプする
- ☐ グラグラゆれないようにピタッと止まる
- ☐ 膝をしっかり使う

着地をして3秒止まれたら 達成！
達成シール

その場で上に向かってジャンプ！

元の位置に着地。膝を曲げてバランスをとる。

これできる？ レベル2

レベル3

55

バランス **筋力**

21 | V字腹筋

どれだけ高く上げられるかな？　自分の限界に挑戦しよう！

1 仰向けになり、両手を伸ばす。

2 膝を曲げないように意識しながら、足と手を同時に上げていき、そこからゆっくりと下げていく。

POINT

- [ ] グラグラゆれないようにする
- [ ] 膝を曲げないようにする
- [ ] 足と手を同じスピードで上げる

3回 できたら 達成！
達成シール

すごわざバージョン

体操選手はこんなポーズもできる！

筋力 支える

22 プランク&空気椅子

グラグラゆれずに、何秒できるかチャレンジしよう！

プランク

肘を床につき、体をまっすぐにしたまま持ち上げて、その姿勢をキープする。

NG　お尻が上がり、体が曲がるとNG。

しんどくても、すぐあきらめないようにしよう！

NG

POINT

- ☐ おへそとお尻に力を入れる
- ☐ グラグラゆれないようにする
- ☐ 目線を定める

どちらも **10秒キープ** できたら 達成！

達成シール

空気椅子

かべに背中をつけて、膝は90度に曲げる。手は前に伸ばす。

これできる？ レベル **2**

レベル **3**

59

柔軟

23 前屈

体をやわらかくして、いろいろな動きができるようになろう。ケガの予防のためにも、こうしたストレッチは欠かさずに。

1 足を伸ばして座り、両手を前に出す。

POINT

- ☐ 膝を曲げないようにする
- ☐ おなかを太ももに近づけるイメージで
- ☐ 力を抜いてリラックスする

つま先を触って **10秒キープ** できたら 達成！

達成シール

2 息を止めずに、手をゆっくりつま先に近づけていく。

3 体がやわらかくなってきたら、顔を膝にくっつけてみる。

これできる？ レベル **2**

レベル **3**

柔軟　支える　逆さま

24 | ブリッジ

顔が逆さまにひっくり返って、いつもと違う世界が見える！　きれいなアーチを作れると、その下を人が通れるよ。

仰向けの状態で、手を顔の横につく。手で床をしっかり押して、手を見ながら腰を持ち上げる。

手の向きに注意！

POINT

- [ ] 肘を伸ばす
- [ ] 手を見て、しっかり支える
- [ ] おなかに力を入れる

10秒キープできたら 達成！

達成シール

NG

手が横を向いていると体が反らない。

NG

頭が床から離れないとNG。

これできる？ レベル 2

レベル 3

63

筋力 **支える**

25 腕立て伏せ

何回できるかな？　自分の力に合わせて、姿勢をきれいにキープしながらやってみよう。毎日続けると力がつくよ。

1 両手を床につき、肘を伸ばして体をまっすぐにする。

2 肘を曲げて体を下げながら、手のひらで床をしっかり押す。

POINT

- ☐ 手は肩幅よりも広げる
- ☐ 体をまっすぐに保つ
- ☐ 手で床をしっかり押す

5回 できたら 達成!

3 体をまっすぐにしたまま、床につくギリギリまで顔を下げ、そこから手で床を押して体を持ち上げる。

これできる？ レベル 2

別アングル

レベル 3

筋力 **支える**

26 腕立てジャンプ

腕立て姿勢から、床を押してジャンプ！ 何回手をたたけるかな？

1 両手を床について、足はつま先立ち。

2 手で床を押してジャンプする。

POINT

- ☐ 体をまっすぐに保つ
- ☐ なるべく高い位置で手をたたく
- ☐ 着地するときは、肘を曲げる

空中で手をたたけたら

達成!

達成シール

3
空中で手をたたく。

4
肘を曲げながら体を受け、両手で安全に着地する。

これできる? レベル 2

レベル 3

バランス　支える

27 カエルの逆立ち

難しそうに見えるけど、コツさえつかめばすぐにできる楽しいポーズ。
重心を感じながら、バランスをとる感覚を覚えよう。

床に手をつき、足を広げて体を浮かせる。

別アングル

肘に足を乗せるイメージで。

POINT
- [ ] 目線を定める
- [ ] 手首に力を入れる
- [ ] 頭を前に出して、お尻を上げる

10秒キープできたら 達成！
達成シール

顔が足のほうを向いてしまうのはNG。

NG

膝の内側に腕を入れるのが正しい形。

NG

これできる？ レベル2

レベル3

バランス　支える　逆さま

28 よじ登り倒立&かべ倒立

足を高く上げることを意識して、体が逆さまになる感じをつかもう。

1 よじ登り倒立
かべにお尻を向けてしゃがむ。

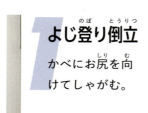

2
片足を上げて、かべにつける。

3
反対の足もかべにつける。

1 かべ倒立
かべに向かって体を倒していく。

2
かべから手のひら一つ分くらい手前の位置に、両手をつく。

70

POINT

- ☐ 体をまっすぐに保つ
- ☐ グラグラしないようにする
- ☐ 目線は手と手の間に定める

どちらも **10秒キープ** できたら

達成シール

達成！

4 足でよじ登りながら、手をかべに近づけていく。

5 肘を伸ばして、足先まで体をまっすぐにする。

3 振り上げ足を高く上げ、蹴り足で床をしっかり蹴る。

4 両足をかべにつけて、足先までまっすぐに伸ばす。

これできる？ レベル2

レベル3

バランス 筋力 支える

29 | 馬跳び

自分のレベルに合わせて、馬の高さを調整してもらおう。安全のために、手をつく位置をお互いに確認することを忘れずに。

1 馬になる人は、手で足首をつかんで頭を下げる。馬がグラグラすると危ないので、しっかりと安定した体勢をとる。

2 手で背中をしっかり押して、高くジャンプ。

POINT

- [ ] 手で背中をしっかり押す
- [ ] 足をなるべく広げる
- [ ] 跳ぶときは声をかけ合う

跳び越えられたら 達成！
達成シール

別アングル

足を開いて跳び越える。

3 馬の向こう側に両足で着地する。

これできる？ レベル2

レベル3

> バランス　筋力　支える

30 つばめ＆ブタのまるやき

まずは鉄棒に慣れて、ここからいろいろな技に発展させよう。

バランスを保って姿勢をキープしよう！

つばめ

腕をしっかり伸ばして体を斜め前に傾けながら、足を後ろに少しずつ上げていく。

POINT

- [ ] 鉄棒をしっかり握る
- [ ] 手で体重を支える
- [ ] 体をまっすぐ伸ばす（つばめ）

どちらも **10秒キープ** できたら 達成！

達成シール

ブタのまるやき

両手で鉄棒を持ち、足を交差させて鉄棒にぶら下がる。そのまま体をゆらして、ぶら下がる感覚や、体が逆さまになる感覚を養う。

これできる？ レベル2

レベル3

バランス 回転

31 | 一回ターン

素早く回転できるように、体の軸が動かないようにしよう。

1 回転する方向の足を軸足にする。

2 浮かしたほうの足を曲げて、回り始める。軸足はかかとを上げて、つま先立ちになる。

3 脇を締めていき、腕を体から離さない。

POINT

- [ ] 軸足が動かないようにする
- [ ] 目線を回転する方向の先に定める
- [ ] おなかに力を入れて、腕を使って回る

片足立ちのまま1周できたら 達成！ 達成シール

4 体はまっすぐ伸ばしたまま。

5 回転する方向の先を見る。

6 バランスを崩さずにピタッと止まる。

これできる？ レベル 3

| バランス | 筋力 | 回転 |

32 ジャンプ一回ひねり着地止め

ジャンプ半分ひねり、一回ターンの応用技。バスケットボールやバレーボールなど、いろいろなスポーツで重要となる空中感覚を養おう。

1 膝を少し曲げ、回転する方向と反対の手を後ろに伸ばす。

2 上に跳びながら体をひねる。

3 脇を締めて、腕を体から離さない。

POINT

- [ ] まっすぐ上に跳ぶ
- [ ] 顔を先に回すイメージ
- [ ] 目線を回転する方向の先に定める

1回ひねって止まれたら 達成！
達成シール

4 顔を先に回すことを意識する。

5 回転する方向の先を見て、着地位置の狙いを定める。

6 膝を曲げてピタッと止まる。

これできる？ レベル **3**

| バランス | 回転 | 逆さま |

33 | 逆上がり

体を鉄棒から離さずに、勢いよく足を蹴り上げて回ろう！

1. 鉄棒をしっかり握る。

2. 地面を踏み込む足（蹴り足）は、鉄棒の少し前に置く。肘を曲げて体を鉄棒に近づける。

5. 逆さまの状態で、おなかを鉄棒にくっつける。

6. 足を振り下ろし、体を回転させる。

別アングル
脇を締めて、肘をしっかり曲げる。

別アングル
振り上げ足を上げながら、鉄棒から体が離れないようにする。

POINT

- [ ] 地面を強く蹴り、足を高く振り上げる
- [ ] おなかを鉄棒にくっつけて回る
- [ ] 鉄棒から目を離さない

1回転できたら 達成！
達成シール

蹴り足で地面を強く蹴り、振り上げ足を上げると同時に背中を後ろに倒す。

振り上げ足を高く上げて、体を引き寄せる。

手首を返して、体を起こす。

腕を伸ばし、体をまっすぐにする。

補助

大人の人に補助してもらおう

振り上げ足が上がりきらないと体が持ち上がらないので、腰や足を手で押し上げてもらう。

NG

肘が伸び、おなかが鉄棒から離れているのでNG。回転するときはあごを引いて、背中を丸めることが重要。

これできる？ レベル 3

回転 支える

34 前方支持回転（空中前回り）

地面から体が離れていることで「空中回転」の感覚を味わえるよ。膝を曲げて1回転できたら、膝を伸ばして回ってみよう。

1 膝を曲げて鉄棒よりも前に出し、胸を張る。

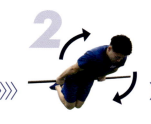

2 鉄棒を軸にして、上半身を大きく前に倒していく。

3 おへそを見るようにして、腰で鉄棒を挟む。このときに手を強く握りすぎない。

すごわざバージョン

膝を伸ばしてできるかな？

1 開始姿勢から膝を伸ばす。

2 遠くに向かって上半身を倒していく。

3 鉄棒を軸に腰を曲げる。このときに手を強く握りすぎない。

POINT

- ☐ 大きく前に倒れるようにして回り始める
- ☐ おなかを鉄棒にくっつけて回る
- ☐ 回っている途中で手首を返す

1回転できたら
達成！
達成シール

手首を返して、上半身を鉄棒の上に乗せにいく。

体を起こし、手で体をしっかり支える。

補助

大人の人に補助してもらおう

逆さまになった状態から、体を持ち上げるのが難しい。回りきれずに鉄棒から落ちてしまう場合は、補助をつけて練習しよう。

4 おへそを見るようにして上半身を振り、回転を加速させる。

5 腰で鉄棒を挟むようにして、上半身を鉄棒の上に乗せにいく。

6 手首を返して、体を支える。

7 体を起こして、まっすぐにする。

これできる？ レベル **3**

| バランス | 筋力 |

【注意】安全のため、着地マットを敷こう！

35 開脚跳び

助走⇒踏み切り⇒開脚跳び⇒着地と動きを先取りしながら、勢いよく跳び越すのがポイント。最初は自分に合った高さで安全に挑戦しよう。

1 目で狙いを定めて、なるべく奥に手をつく。

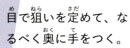

2 両手で体をしっかり支え、お尻を高く上げる。

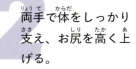

POINT

- ☐ 手をできるだけ奥につく
- ☐ 強く踏み切り、高く跳ぶ
- ☐ 前に転ばないよう、体を起こして着地する

足を広げて
跳び越えられたら
達成シール

手前に手をついてしまうと、跳び越えられない。

3 手で跳び箱を突き放して、着地位置を意識しながら体を起こしていく。

4 体を起こして、両足で着地する。

これできる？レベル **3**

| バランス | 筋力 | 支える |

【注意】安全のため、着地マットを敷こう！

36 抱え込み跳び（閉脚跳び）

跳び越えるために、お尻を高く上げることが重要。最後は手で跳び箱を突き放すイメージで、ジャンプしながら足を前に送ろう。

1 目で狙いを定めて、なるべく奥に手をつく。

2 両手で体をしっかり支え、お尻を高く上げる。

別アングル

勢いよく踏み切る。

手をついたら膝を胸に引き寄せる。

POINT

- ☐ 手をできるだけ奥につく
- ☐ 強く踏み切り、お尻を高く上げる
- ☐ 前に転ばないよう、体を起こして着地する

足を抱え込んで跳び越えられたら 達成シール

3 手で跳び箱を突き放して、足を手の間に通す。

4 体を起こして、両足で着地する。

手でしっかりと突き放す。

体をしっかりと起こす。

これできる？ レベル 3

89

バランス　支える　逆さま

37 頭倒立（三点倒立）

逆さまの姿勢で止まれるかな？　頭と両手の三点で体を支えよう。

1 頭を両手の少し前に置き、膝を胸につけるように徐々に近づけて、お尻を高くしていく。

2 首に力を入れて背中をまっすぐ保ったまま、ゆっくりとお尻を持ち上げる。

3 2の姿勢をキープできるようになったら、足をそろえてまっすぐ伸ばす。

POINT

- ☐ 頭、右手、左手で三角形を作る
- ☐ おでこの少し上を床につける
- ☐ 目で床をしっかり見る

10秒キープできたら 達成！

達成シール

📷 別アングル

おでこの少し上を床につけ、目をしっかり開いて床を見る。

📷 別アングル

頭、右手、左手の位置関係は三角形になるようにする。

NG

足がそろわないと、まっすぐ上に伸ばせない。

NG

頭のてっぺんが床についてしまうと、目で床を見られない。

これできる？ レベル **3**

柔軟

38 | 180度開脚&前後開脚

柔軟性はケガの予防にも重要。お風呂上がりに少しずつ伸ばしていこう！

1 180度開脚

膝が曲がらず、両足がしっかりと開くのが理想。いきなり伸ばしすぎると筋肉を痛めてしまうので、少しずつ伸ばすことを心がける。

前後開脚

180度開脚よりも、さらに難しい前後開脚。上半身をしっかりと起こして、前足に体重がかかりすぎないようにする。

POINT

- [ ] 最初は膝を曲げたままでOK
- [ ] 体が温まったときに行うと効果的
- [ ] 毎日の積み重ねが重要

達成！
足が180度開いたら

180度開脚ができるようになったら、上半身を左右に倒して脇腹を伸ばす。

これできる？ レベル 3

93

回転 支える 逆さま

39 側方倒立回転（側転）

ポイントは足の振り上げ。手でしっかりバランスをとろう！

1 手を前に出しながら蹴り足を踏み込み、体を前に倒していく。

2 体をひねりながら蹴り足と同じほうの手から床につき、振り上げ足を勢いよく上げる。

3 両手を床について体を回転させる。そのとき、目線は床にしっかり定める。

別アングル

大きく手を振り上げて、まっすぐ前に踏み込む。

別アングル

体をひねる方向に注意！ 前に出した足と同じほうの手が先につくようにひねる。

POINT

- [ ] 足を大きく振り上げる
- [ ] 膝を曲げないようにする
- [ ] 体が直線上にあるように意識する

きれいに回転できたら 達成！
達成シール

NG

膝が曲がって、足が上がっていない。

4 手で床を押しながら、振り上げ足から床につけにいく。

5 振り上げ足が床につくまで、床から手を離さない。

6 手で床を突き放して、体を起こす。

これできる？ レベル 3

| 回転 | 支える | 逆さま |

40 ロンダート

側転の発展形。ひねりを加えて、進行方向と逆向きに着地しよう！

1 手を前に出して、蹴り足を踏み込む。

2 手を振り下ろしながら、体を前に倒していく。

5 背中の反りから足を振り下ろす反動を利用し、両手で床を強く押して体をひねる。

6 手で床を突き放して、足を振り下ろす。

POINT

- ☐ 勢いをつけてしっかりと踏み込む
- ☐ 手を遠くにつき、背中の反りを保つ
- ☐ 足を閉じながら体をひねる

スムーズに体を起こして着地できたら 達成！

達成シール

蹴り足と同じほうの手から床につき、振り上げ足を上げる。

背中の反りを保ちながら、両手を床につき、倒立で足をそろえにいく。

突き離した手を上げながらしっかりと体を起こして、両足をそろえて着地する。

グラグラゆれないようにピタッと止まる。

これできる？レベル 3

すごわざ 1

（三点倒立）
頭倒立→倒立

2 両足をそろえて伸ばし、三点倒立の形になる。

1 頭、右手、左手で三角形を作り、おでこの少し上を床につける。

コメント

これは大人でも難しい技。肘を伸ばすトレーニングを高校生のときにたくさんやりました。頭倒立（三点倒立）と同じく、しっかり床を見ながら、最後は手で床を押し返すイメージです。初めは腰の曲げ伸ばしの反動を利用しましょう。

3 手で体を持ち上げ、頭を床から離す。

4 ゆっくりと肘を伸ばし、体をまっすぐにする。

すごわざ 2 前方倒立回転跳び（ハンドスプリング）

1

勢いをつけて、両手を前に上げる。

2

蹴り足を踏み込み、体を前に倒していく。

5

両手で床を強く押し、床から手を離す。

6

足を振り下ろしながら、床から離した手を広げる。

コメント

一見派手に見えますが、コツさえつかめば簡単。僕は小学1年生くらいでできました。体育の授業でやってみせたら、みんなから「すげえ！」と言われて、うれしかった記憶があります。

3

両手を床について、振り上げ足を伸ばしたまま上げる。

4

蹴り足も、振り上げ足を追いかけるように上げる。

7

足を振り下ろす勢いで体を起こしていく。

8

両足をそろえて着地する。

すごわざ3 後方倒立回転跳び（バック転）

1 進行方向と逆向きに立ち、両手を上げる。

2 手を下ろしながら、膝を曲げて重心を下げる。

3 手を後ろに大きく振り上げる。

7 空中で体をしっかり反らせて、頭を後ろに返す。

8 目で床をつく手を見る。

9 両手を床について、倒立の状態になる。

コメント

たった1日でバック転ができるようになる小学1年生もいますが、僕は時間をかけて、やっとできるようになりました。大前提として、まずは勇気が必要。後ろ向きに回ることへの恐怖心に勝てないと、バック転はできません。

4

勢いよく手を振り下ろす。

5

手を上げながら、体を後ろに倒していく。

6

両足で床を強く蹴り、後方に向かって跳ぶ。

10

手で床を強く押す。

11

足を振り下ろす勢いで体を起こしていく。

12

両足をそろえて着地。

すごわざ 4 後方伸身宙返り

1 進行方向と逆向きに立ち、両手を上げる。

2 手を下ろしながら、膝を曲げて重心を下げる。

3 手を後ろに大きく振り上げる。

7 体を反らして、手は肩と同じ高さにキープする。

8 目で床を見る。

9 足を伸ばしたまま回転する。

コメント

これは結構、難しい技です。コツは……やはり慣れてきたら思いっきり体を回すこと！　しっかり体を反らして、回ることが大事です。僕はコーチに補助してもらったり、トランポリンで跳んだりして、動きを体で覚えていきました。

4

勢いよく手を振り下ろす。

5

手を上げながら、体を後ろに倒していく。

6

両足で床を強く蹴り、後方に向かって跳ぶ。

10
足を振り下ろしながら、お尻を上げる意識を持つ。

11
足を振り下ろす勢いで体を起こしていく。

12
両足をそろえて着地。

すごわざ 5 後方抱え込み宙返り1回ひねり

1

進行方向と逆向きに立ち、両手を上げる。

2

手を下ろしながら、膝を曲げて重心を下げる。

3

手を後ろに大きく振り上げる。

7

おなかが床を向くように、縦に回転していく。

8

回りながら、お尻を上げる。

9

今度は横方向にひねりを加える。

> **コメント**
> これは2つの種類の回転が入っています。かなり難しいので、大技が得意なこうたろうにやってもらいました。最初にグッと体を引き上げて縦に回り、次は横にひねりながら床を見にいくイメージ。ここでも目線が大事になります。

4

手を上げながら、体を後ろに倒していく。

5

勢いをつけて手を振り上げる。

6

体をひねりながら、後方に向かって跳ぶ。

10

目で着地する床を見る。

11

足を振り下ろす勢いで体を起こしていく。

12

両足をそろえて着地。

おわりに

　大学2年生でYouTubeでの動画配信を始めたとき、まさか自分が本を出すことになるとは想像もできませんでした。

　最初は練習日誌を書こうとブログを始めましたが、なかなか続かず、どうすれば継続できるのかを考えたときに、人に見てもらうしかない、と思いました。それで練習動画を撮影し始めたのが、YouTubeでの動画配信を開始したきっかけです。そして、動画をブログに貼り付けたら、YouTubeのほうで応援してくださる方が増えてきました。

　始めたころは何もしゃべらず、ひたすら練習している動画でした。次第に、どうすれば体操の楽しさがもっと伝わるのかを考えるようになり、幼なじみのこうたろうを誘って、「これできる？シリーズ」や「着地止め選手権」などの企画が生まれました。

　当初、チャンネル登録者数がこんなに増えることは想像できませんでした。自分なりに分析してみると、体操の楽しさを伝えるのは得意なのかな、と思います。やっぱり、僕は体操が大好きなので、それを生かせるYouTubeというものがあって良かったです。

　日本の体操競技は伝統的に強く、男子は世界で何度も一番

になっています。しかしながら、競技力の高さと人気は比例しておらず、野球やサッカーのような人気のスポーツとは言えません。学校体育や習い事で多くの人が体操に触れているはずなのに、体操競技となると競技人口が一気に減ってしまいます。この問題を解決するため、今の僕の目標は、YouTube などを通じて、体を楽しく動かすことから本格的な体操競技へと、みなさんの関心をつなげることです。

　僕は5歳のときに体操クラブに入り、それから20年以上が経ちましたが、どうして続けてこられたのかを考えると、体操が好きということ、そして「できた！」という喜びがあるからだと思います。それは、大人になった今でも変わりません。

　今回の本では、「できた！」という喜びを感じてもらうため、基礎的なトレーニングを中心に紹介しました。40個全部をクリアして、「もっと体操がしたい！」と思った子は、どんどんチャレンジしてほしいです。また、この本を読んで、「スポーツをやりたい！」「体を動かすことが楽しい！」と感じてもらえたら、とてもうれしいです。

　とにかく、楽しむ。この気持ちを忘れず、これからも体操の楽しさを伝えていきたいと思います。

シダックス

111

シダックス

日本体育大学を卒業後、体操競技の楽しさや面白さを伝えるために、現役体操選手兼YouTuberとして活動中。2013年度男子ジュニアナショナル選手（U-15）、2016年度男子ジュニアナショナル選手（U-18）、2019年度U-21男子大学生強化選手。YouTubeのチャンネル登録者数98万人（2025年1月現在）。

監修	三木伸吾
カバーデザイン	鈴木大輔（ソウルデザイン）
本文レイアウト	藤本麻衣
撮影	矢野寿明
マンガ	カネシゲタカシ（テクノカットスタジオ）
校正	パーソルメディアスイッチ株式会社
制作協力	株式会社MIZUTORI、こうたろう
編集	多賀祐輔、佐久間一彦（有限会社ライトハウス）
編集担当	小川和久（KADOKAWA）

シダックスの これできる？
スポーツ万能な体になれるトレーニング遊び40

2025年3月1日　初版発行

著者／シダックス

発行者／山下直久

発行／株式会社KADOKAWA
〒102-8177　東京都千代田区富士見2-13-3
電話　0570-002-301（ナビダイヤル）

印刷所／TOPPANクロレ株式会社

製本所／TOPPANクロレ株式会社

本書の無断複製（コピー、スキャン、デジタル化等）並びに
無断複製物の譲渡および配信は、著作権法上での例外を除き禁じられています。
また、本書を代行業者等の第三者に依頼して複製する行為は、
たとえ個人や家庭内での利用であっても一切認められておりません。

●お問い合わせ
https://www.kadokawa.co.jp/（「お問い合わせ」へお進みください）
※内容によっては、お答えできない場合があります。
※サポートは日本国内のみとさせていただきます。
※Japanese text only

定価はカバーに表示してあります。

©Shidaks 2025 Printed in Japan
ISBN 978-4-04-607488-1　C0075